Helmut Blecher

Damals spielten wir noch draußen

Unsere Kinderspiele

in den **50er** **und 60er** Jahren

Wartberg Verlag

Bildnachweis

Archive:

Stadtarchiv Düsseldorf: S. 25, 30, 37, 13 u., 33 o.r., 33 u.r., 33.u.l., 39 u.l.

Stadtarchiv München, Rudi-Dix-Archiv: S. 6 u., 8 o., 9 o.l., 12 u.l., 12 u.r., 19 u., 29 o., 36, 41 (3), 42

Fotografen:

Bettina Deuter: S. 22 u.

Erich Borrmann S. 7 r., 23 u.r., 26 l., 27 u., 33 o.l., 48 o., 56 u., 60, 62 o.l., 62 o.r., 62 u.r., 63 o.l.

Eugen Sauter S. 21, 27 o.l., 28 o., 38 o., 43, 52 o., 52 M., 56 o., 58 o.

Georg Eurich S. 11 u., 31, 32 o.

Gustav Hildebrand S. 16 o., 16 u., 24, 34 u., 53 u.

Presse Bild Poss S. 7 l., 8 u., 9 o.r., 10 o., 12 o., 13 o., 14, 15, 17 (2), 18, 19 o., 20, 22 o.l., 34 o.l., 49 o.l., 50, 61

ullstein bild S. 9 u. (Kühn), 22 o.r. (Oskar Poss), 23 o.l., 34 o.r. (United Archives/Hans Rudolf Uthoff), 58 u. (Oskar Poss)

Museen:

Spielzeugmuseum Alsfeld, Fotos Helmut Blecher: 40 (3), 44, 45 u., 46 o.r., 52 u., 54 (3), 55 o., 57, 59 (2),

50er-Jahre-Museum Büdingen, Fotos Helmut Blecher: 46 (3), 47 u. (2), 48 u.

Private Bildgeber:

Archiv Helmut Blecher: S. 4, 6 o., 10 u., 23 o.r., 28 u., 32 u., 35 o., 39 o.l., 39 o.r., 55 u., 63 u.

Sammlung Wodarz: S. 6 r., 23 u.l., 26 r., 27 o.r., 47 o., 49 o.r., 49 u.r., 62 u.l.

Gisela und Walter Adam, Eschwege: S. 29 u.

Hans-Ulrich Kreß, Moers: S. 45 o.

Lydia Linsen, Moers: S. 63 o.r.

Willi Luther, Wolfsburg: S. 5

Markus Moehring, Lörrach: S. 53 o.r.

Helmut Orwat, Castrop-Rauxel: S. 35 u.

Norbert Pechmann, Gelsenkirchen: S. 53 o.l.

Ernst Günter Schweizer: S. 38 u.

Werner Ziegler, Halle-Neustadt: S. 11 o.

Besuchen Sie das 50er-Jahre-Museum
in Büdingen mit seinen unzähligen Exponaten
aus einer spannenden Epoche:

50er-Jahre-Museum e.V.
Auf dem Damm 3
63654 Büdingen

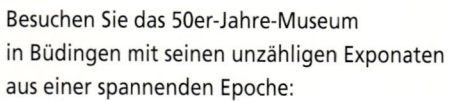

Impressum

7. Auflage 2023

Alle Rechte vorbehalten, auch die des auszugsweisen Nachdrucks
und der fotomechanischen Wiedergabe.

Gestaltung und Satz: Ravenstein und Partner, Verden;
Simone Voßwinkel, Berlin

Druck: Druckerei Thiele und Schwarz, Kassel

Buchbinderische Verarbeitung: Buchbinderei Büge, Celle

© Wartberg-Verlag GmbH

34281 Gudensberg-Gleichen • Im Wiesental 1

Telefon: 0 56 03/9 30 50 • www.wartberg-verlag.de

ISBN 978-3-8313-1616-3

Liebe Leserin,
lieber Leser,

aus den Ruinen, die der Zweite Weltkrieg hinterließ, erwuchs ein neuer Spieltrieb, der nicht mehr von totalitärem Gedankengut und absoluter Gleichmacherei geprägt war. Der Weg von der Mangelwirtschaft zum Wirtschaftswunder war aus heutiger Sicht kurz. Für die Kinder der 50er Jahre war er allerdings lang. Für den Kauf von Spielzeug fehlte das Geld und gutes Material bei den Herstellern war knapp.

Die Wohnverhältnisse boten wenig Gelegenheit sich spielerisch zu entfalten. Die Straße war der Tummelplatz für Spiele, die Kreativität und Teamgeist erforderten. Ob man Fußball nach Regeln spielte, die nicht vom DFB autorisiert wurden oder einfach nur Froschhüpfen und Blindekuh, man wusste sich zu beschäftigen – noch ohne Fernsehen und Computer.

Jungen und Mädchen spielten meistens getrennt. Die jungen Herren der Schöpfung zeigten ihren Heldenmut als Cowboy und Indianer. Die Mädchen rollten in bleischweren Rollschuhen über den rutschigen Asphalt und zeigten ihre Geschicklichkeit beim „Himmel-und-Hölle-Hopsen". Keine Jahreszeit, kein noch so schlechtes Wetter hielt die Kinder im Haus. Der Puppenwagen oder der luftbereifte Tretroller waren Statussymbole, die gezeigt und ausgeführt werden mussten.

Objekte kindlicher Begierde waren Schildkrötpuppen und Märklin-Eisenbahnen. Kult-Spielzeuge waren der Hoola-Hoop-Reifen und Lego-Bausteine, die zu Ende der 50er Jahre den Übergang vom Blechspielzeug zum Spielzeug aus Plastik markierten. Unbeeinflusst vom Zeitgeist blieben Steiff-Teddys, Ritterburgen, Puppenküchen und Kaufmannsläden. Und die elektrische Eisenbahn war sowieso das Lieblingsspielzeug der Väter, die ihren Söhnen allzu oft den Platz am Traforegler streitig machten.

Gespielt wurde mit Gleichaltrigen, während klassische Spiele wie Dame, Mühle, Halma, „Mensch-Ärgere-Dich-Nicht" und das Wirtschaftspiel „Monopoly" Familiensache waren. Hinzu kamen Karten-, Geschicklichkeits- und Wissensspiele, wie „Schwarzer Peter", „Spitz pass auf" oder „Der magische Roboter", bei denen man es nicht so gerne hatte, wenn sich Erwachsene einmischten. Und beim häuslichen „Tipp Kick" oder dem großen Tischfußballspiel, die in den Hinterstübchen der Eckkneipen standen, blieben die jungen Kicker absolut unter sich.

Vieles aus der Zeit als Holz-, Metall- und Plastikspielzeug – vom Schaukelpferd bis zur Carrera Rennbahn, von der Puppenküche bis zur Barbiepuppe – ist heute zum heiß begehrten und teuer gehandelten Sammlerstück geworden, das tunlichst von Kinderhänden fern gehalten wird. Längst ist das Spielzeug von einst museal geworden. In Vitrinen werden Eisenbahnen von Fleischmann und Märklin, Modellautos von Schuco, Wiking und Siku, mechanisches Spielzeug und Metallbaukästen ausgestellt, die fast nur noch von Erwachsenenaugen betrachtet werden.

Manche Spiele von einst werden heute noch gespielt. Viele Spielsachen aus den Fünfzigern und Sechzigern erleben zurzeit eine neue Blüte oder werden wie viele Traditionsmarken immer noch hergestellt, wenngleich nur noch selten in Deutschland.

Abenteuerspielplatz Straße

Noch war die Straße nicht wirklich gefährlich, sieht man einmal davon ab, dass man in den Trümmern und auf den zu Bolzplätzen umfunktionierten Freiflächen oft auf Bomben-Blindgänger und Granaten stieß. Der Verkehr war noch überschaubar. Die wenigen knatternden Kleinstwagen, wie der Messerschmitt Kabinenroller oder die unüberhörbaren Zweitakt-Motorräder, sorgten für keine wirkliche Behinderung des Spieltriebs. Für „Räuber und Gendarm" und andere Versteckspiele gab es jede Menge Örtlichkeiten, um sich nach „1-2-3-4 Eckstein, alles muß versteckt sein" unsichtbar zu machen. Während sich bei diesen Spielen die Mädchen besonders hervortaten, die Jungen in ihren Verstecken aufzustöbern, blieben diese beim Fußball und anderen Ballspielen meistens unter sich. Eine Domäne der Jungen war auch das mit viel Fingerspitzengefühl betriebene Spiel um Murmeln und Klickern aus Glas und Ton. Und beim Stelzenlaufen fühlten sich beide Geschlechter dem Himmel ein Stück näher.

Zwei auf einer Schaukel: Ein Brett, zwei dicke Seile genügten, um eine Kinderschaukel an Teppichstangen oder stabilen Ästen zu befestigen. Einmal in Betrieb, waren Schaukeln unter den kleinen Höhenakrobaten stets heiß umkämpft. Oft mussten Erwachsene schlichtend eingreifen, um Streit zu vermeiden.

Wenig Spielzeug, aber viel Fantasie

Kinderspielplätze mit Sandkästen und Rutschbahnen waren noch selten. Die Kinder wussten sich dennoch zu helfen. Sie vergnügten sich zwischen Baracken und Trümmern auf Wippen, Kletterstangen und anderen von den Eltern gebastelten Spielgeräten.

Neues Spielzeug stand in den frühen Fünfzigern noch nicht auf der Geschenkliste der Erwachsenen. Liebevoll wurden alte Spielgeräte aufbereitet, wie dieses schöne Schaukelpferd aus Großvaterszeiten, auf dem sich der kleine Reiter sichtlich wohl fühlte.

Saubere Asphaltpisten waren noch eine Seltenheit, um sich dem glatten, ungetrübten Rollschuhvergnügen hinzugeben. Bleischwer waren die Metallgestelle mit vier Rollen, die sich in erster Linie Mädchen ans leichte Schuhwerk schraubten und dann mit ohrenbetäubendem Lärm über das Straßenpflaster stolperten. Geschnürte Rollschuhstiefel waren für die meisten Kinder noch der schiere Luxus.

Die Welt aus einer erhöhten Position betrachten, das war etwas für geschickte Stelzenakrobaten. Schnell hatte man aus Brettern zwei Stelzen mit Fußhaltern gebastelt, um sich sodann mit raumgreifenden Schritten Respekt und Bewunderung der anderen Kinder zu sichern.

Echte Straßenkünstler waren diese beiden Jungen, die auf dieser Großstadtstraße gleich mehrere Disziplinen auf einmal beherrschten: Stelzen laufen, Rollschuh laufen und Fußball spielen.

Hickelhäuschen oder Spuren im Sand und auf Asphalt

Wo der Boden geeignet war, kratzten vornehmlich die Mädchen mit Stöckchen und mit Kreide Felder in den Erdboden oder auf den asphaltierten Straßen, wohl wissend, dass sie vom Autoverkehr in ihrem Treiben noch nicht gestört wurden. Am gängigsten war es eine Figur zu bilden, die dem menschlichen Körper nachgebildet war. Den Unterbau bildeten drei Felder, denen zwei Felder als Arme seitwärts angefügt wurden. Auf diese setzte man ein kleineres Feld als Hals, und drauf saß der Kopf als eine große Rundung, die man auch den Himmel nannte. Zu dem Spiel war ein flacher Stein oder eine Tonscherbe erforderlich. In der entsprechenden Reihenfolge wurden die Felder anvisiert. Das Feld, in dem der Stein lag, musste, ohne es mit den Füßen zu berühren, übersprungen werden. Gelang dies der ersten Spielerin nicht, wurde gewechselt und die nächste kam an die Reihe. Sieger war, wer als Erste den Stein in den Himmel bringen konnte. Was mit einfachen Schritten begann, wurde beim zweiten Durchgang auf einem Bein – im „Hickelgang" – bewältigt. Das erforderte Sprungkraft und Gleichgewichtsgefühl. Noch schwieriger war der Scherengang, der mit gekreuzten Beinen vorgenommen wurde.

Beim „Häuserhüpfen", „Himmel und Hölle" und „Paradiesspringen" waren die Mädchen in ihrem Element. Mit Kreide wurden Felder auf Schulhöfen und glatt geteerten Straßen gezogen oder „Hickelhäuschen" in den Boden geritzt, um anschließend im Zick-Zack-Sprung den Balancesinn zu testen, ohne dabei die Linien der einzelnen Felder zu berühren.

Äußerste Geschicklichkeit war beim „Gummitwist" gefragt. Für das Spiel, das sich von dem benutzen Hosengummi und dem Modetanz aus den frühen Sechzigern ableitete, benötigte man vier Meter Gummiband, das an beiden Enden zusammengeknotet wurde. Zwei Mädchen spielten sich in das Gummiband, dann grätschen beide die Beine, bis das Band leicht gespannt war. Ein drittes Mädchen sprang schließlich in die verabredeten Figuren. Machte sie einen Fehler, war die nächste an der Reihe.

Beim Seilhüpfen musste man flink und geschickt sein, Außerdem konnte man das Körpergefühl für die Fein- und Grobmotorik trainieren. Und das schien bei den Mädchen wesentlich ausgeprägter zu sein als bei den Jungen. Alleine oder paarweise sprangen sie sich je nach Lust und Laune, Kraft und Ausdauer in den Hüpfvorgang hinein oder heraus.

Auf dem Heinweg von der Schule hatten es sowohl die Jungen als auch die Mädchen nicht besonders eilig, mussten sie doch ihren Müttern meistens als Küchenhilfen zur Hand gehen. Lieber vergnügten sich diese Mädchen – noch mit dem Schulranzen auf dem Rücken – beim Seilhüpfen. Dazu sangen sie Abzählreime, bis ihnen die Puste ausging.

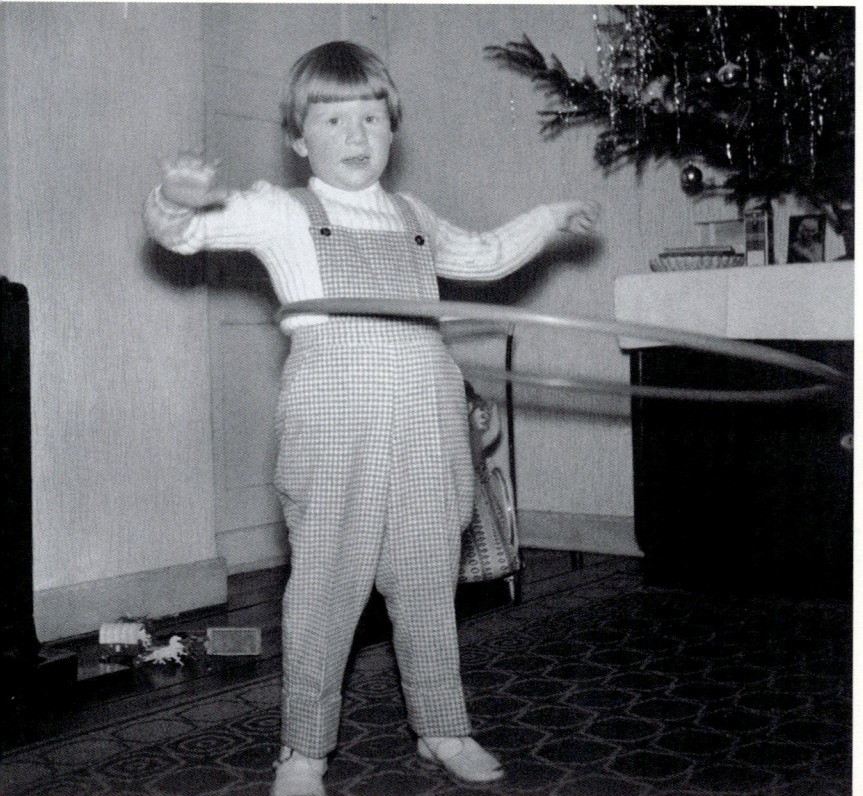

Deutschlands Jugend im Hula-Hoop-Rausch

Hysterisch waren die Anfänge des rotierenden Hula-Hoop-Reifens. Der leichte Plastikring, der 1959 den ersten sportlichen Trend im Nachkriegsdeutschland auslöste, machte einfach allen Spaß. Cornelia Froboess war einer der ersten deutschen Stars, die sich mit dem Hula-Hoop-Reifen ablichten ließ, und die mit „Hula-Hoop-Conny" einen Kassenschlager auf die Leinwand brachte.

Fußball wurde überall gespielt – auf Straßen, Wiesen oder auf einem Wäschetrockenplatz – wo die Querstangen idealerweise gleich als Tore dienten. Ärger mit den Erwachsenen gab es nur, wenn der Ball in die frisch gewaschenen Hemden und Hosen flog.

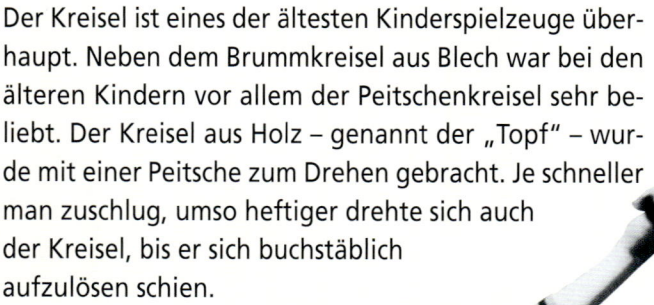

Einen Balanceakt unter freiem Himmel vollführten diese Dorfkinder. Barfuß vergnügten sie sich auf einer Wippe, die provisorisch aus einem Bock zum Holzsägen und einem groben Brett bestand. Splitter in den Händen und Füßen nahm man in Kauf, während die empfindlichen Hinterteile durch die obligatorischen Lederhosen geschützt wurden.

Boxen stand bei den Jungen hoch im Kurs. Keiner wollte sich gerne als „Muttersöhnchen" hänseln lassen, und so maß man sich vor möglichst viel Kinderpublikum um das Recht, der Stärkste in der Nachbarschaft zu sein. Ganz clevere Faustkämpfer, die vorgaben, einmal in die Fußstapfen des großen Max Schmeling treten zu wollen, besorgten sich ausgediente Boxhandschuhe, die so ihrem Anspruch darauf noch mehr Nachdruck verliehen.

Der Kreisel ist eines der ältesten Kinderspielzeuge überhaupt. Neben dem Brummkreisel aus Blech war bei den älteren Kindern vor allem der Peitschenkreisel sehr beliebt. Der Kreisel aus Holz – genannt der „Topf" – wurde mit einer Peitsche zum Drehen gebracht. Je schneller man zuschlug, umso heftiger drehte sich auch der Kreisel, bis er sich buchstäblich aufzulösen schien.

Mit viel Fingerspitzengefühl wurden Murmeln, Klicker oder Schusser in eine dafür ausgehobene Kuhle – meistens vor Hauswänden – befördert. Der Zeigefinger wies zwar nach anfänglichen Hautabschürfungen eine konsistente Hornhaut auf. Doch was tat man nicht alles, um seine Sammlung aus vielen bunten Glas-Murmeln zu vergrößern, die man in einem Murmelbeutel mit Kordelzug ständig bei sich führte. Für ein schnelles Spiel hatten die kleinen Zocker immer und überall Zeit.

Das Murmelspiel – schon im alten Ägypten bekannt

Schon die frühen Hochkulturen kannten das Murmelspiel, dessen Name sich von Marmor ableitet, aus denen die Murmeln am häufigsten hergestellt wurden. In ägyptischen Kindergräbern fand man Murmeln ebenso wie bei Ausgrabungen auf Kreta. Die Produktion von Glasmurmeln begann um 1850 als im thüringischen Lauscha der Glasbläser Christoph Simon Greiner die bunte Murmel erfand, die im Inneren allen möglichen Farben mit kunstvoll geschwungenen Spiralmustern aufwiesen. Möglich wurde das durch die Zugabe von Farben oder farbigen Glasbändern, die in die Glasmurmel eingeblasen wurden.

Natürlich wusste man auch damals schon, das Murmelspiel in vorgegeben Bahnen zu lenken. Eine geradezu prophetische Vorausschau, wird doch heute das Murmelspiel als Sportart mit festen Regeln auf einer sandbestreuten, kreisrunden Betonplatte gespielt.

Das häufigste Murmelspiel der Kinder der 50er und 60er Jahre war das Loch oder Einlochen. Im Freien wurde mit dem Schuhabsatz ein faustgroßes Loch in den festen Erdboden gebohrt und eine Abwurflinie gekennzeichnet. Jeder Spieler warf drei Murmeln oder Klicker (das Wort leitet sich von dem klackenden Geräusch ab, das die aneinander stoßenden Kugeln erzeugten) in Richtung Loch ab. Derjenige, der seine Kugeln im oder am nächsten zum Loch platziert hatte, durfte dann mit dem Einschießen der Murmeln beginnen. Verfehlte er das Loch, war der nächste Spieler dran. Wer die letzte Kugel einlochte, hatte alle eingesetzten Murmeln gewonnen.

Das in den 50er und 60er Jahren noch weit verbreitete Straßenspiel mit den bunten Kugeln aus Ton ist unter den Kindern von heute kaum noch verbreitet. Asphaltierte Straßen, mit Platten versiegelte Plätze und Höfe haben die Murmeln buchstäblich der Bodenhaftung beraubt.

Marterpfahl und Maskerade – Angelspaß und Drachenflug

Mit selbst gebastelten Angeln folgte man dem Jagdtrieb. Mit bunten Papierdrachen wurden die Elemente herausgefordert, und mit selbst gebastelten Schiffen wurden Tümpel zu Wasserstraßen. Geduld und Geschicklichkeit wurden dabei oft auf eine harte Probe gestellt. Die frühen Vorläufer der Graffiti-Sprayer übten sich noch mit Kreide in der Kunst der Straßenmalerei, und die Lust an der Verkleidung war nicht nur in der Karnevalszeit angesagt. Sie entsprach zu jeder Zeit dem Wunsch, sich mit den Helden und Idolen der klassischen Kinder- und Jugendliteratur zu identifizieren. Mit Pfeil und Bogen pirschte man sich in eine Welt, die nichts mit der Realität zwischen tristen Fassaden und engen Schulbänken zu tun hatte. Wer allerdings Indianer sein durfte, um den „finsteren" Cowboy an den Hinterhof-Materpfahl fesseln zu können, bestimmte meistens der Stärkste in der Gruppe oder der Besitzer jener Utensilien (wie ein Federkopfputz), die unabdingbar für eine zünftige Wildwest-Ausrüstung waren.

Wer ein waschechter Wildwest-Bandit sein wollte, konnte auf einen richtigen Westernhut mit breiter Krempe, ein Halstuch und einen Colt mit Gurt nicht verzichten. Wer richtig verwegen aussehen wollte, malte sich ein Clark-Gable-Bärtchen über die Operlippe oder versteckte sein Gesicht hinter einer Zorro-Maske.

Mit Pfeil und Bogen und einem zünftigen Federschmuck war dieser kleine Indianer auf dem Kriegspfad. Tarnung boten Lattenzäune, hinter denen man sich unbemerkt an sein Opfer, meist ein ahnungsloses „Greenhorn", anschleichen konnte. Um Verletzung zu vermeiden, wurde die Pfeilspitze mit einem Gummipfropfen entschärft.

Früher war fast alles verboten. Flurwarte jagten Äpfeldiebe und Angler, und dennoch ließen sich die Jungen von ihrer Bestimmung als Jäger und Sammler nicht abbringen. Eine lange Weidenstange, eine noch längere Schnur und ein fetter Regenwurm an einem Haken aufgespießt, mehr brauchte man nicht, um sein Glück beim Angeln zu versuchen. Die Ausbeute war allerdings oft mager, nur selten hing mal ein wirklich großer Fisch an der Leine.

Unter Verwendung von Klebstoff, Klebeband, Papier und Plastik setzten diese beiden Konstrukteure ihre Vorstellung von einem dickbauchigen Frachtschiff in die Tat um. Mit äußerster Konzentration und großer Freude wurde vor dem Stapellauf letzte Hand an das Modell gelegt.

Fürs Spiel ihrer Kinder mit den Elementen Wasser und Wind mussten Väter Mützen, Flugzeuge und Schiffe aus Zeitungspapier basteln können. Nur so konnten sich kleine Jungen als wahre Pfützenkapitäne fühlen.

Für einen echten Seemann war kein Tümpel zu klein, um seinen Spielzeug-Zweimastsegler aus robustem Balsaholz zu Wasser zu lassen. Für den nötigen Wind musste man meistens selber sorgen, auch wenn das für die beiden Skipper bedeutete, sich ebenfalls in die „Fluten" zu stürzen.

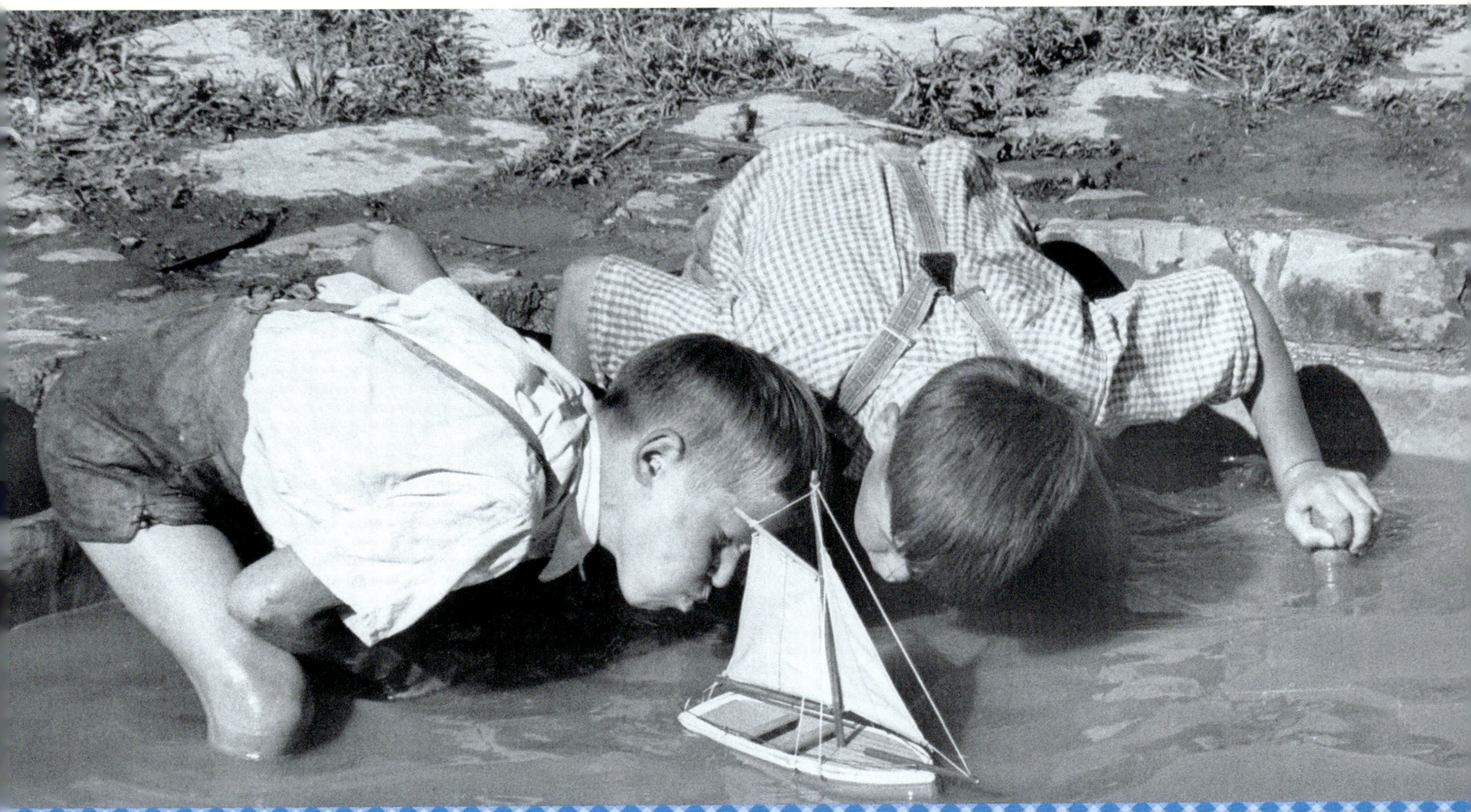

Eine Wiese war ein idealer Ort für das beliebte Sackhüpfen. Ein paar alte Kartoffelsäcke hatte man schnell aufgetrieben, um sich bei Kinderfesten im Wettkampf um den schnellsten Sackhüpfer zu messen. Dem Sieger winkte eine Tafel Schokolade oder ein Fußball.

Kleine Sprünge und luftige Höhen

Manche Drachenbauer waren beim Bau irrwitziger Konstruktionen nicht zu bremsen. Immerhin war das Drachenbasteln ein echter Volkssport für Jungen. Zu Drachenwettkämpfen strömten sie in Begleitung ihrer Eltern und Geschwister auf die Wiesen, um sich im Wettstreit um den besten und schönsten Drachen mit der Konkurrenz zu messen.

Die Herbstferien waren die beste Zeit, um bunte Drachen aufsteigen zu lassen. Fast jeder Junge tüftelte aus Schnur, Holzleisten und Drachenpapier (das es in Papiergeschäften gab) seinen Drachen zusammen, der dann bei gutem Wind möglichst hoch in die Lüfte aufsteigen sollte. Eine lange Schnur, die an den bunten Papierflügel geknotet wurde, verlieh dem Drachen bessere Flugeigenschaften und zusätzliche Stabilität.

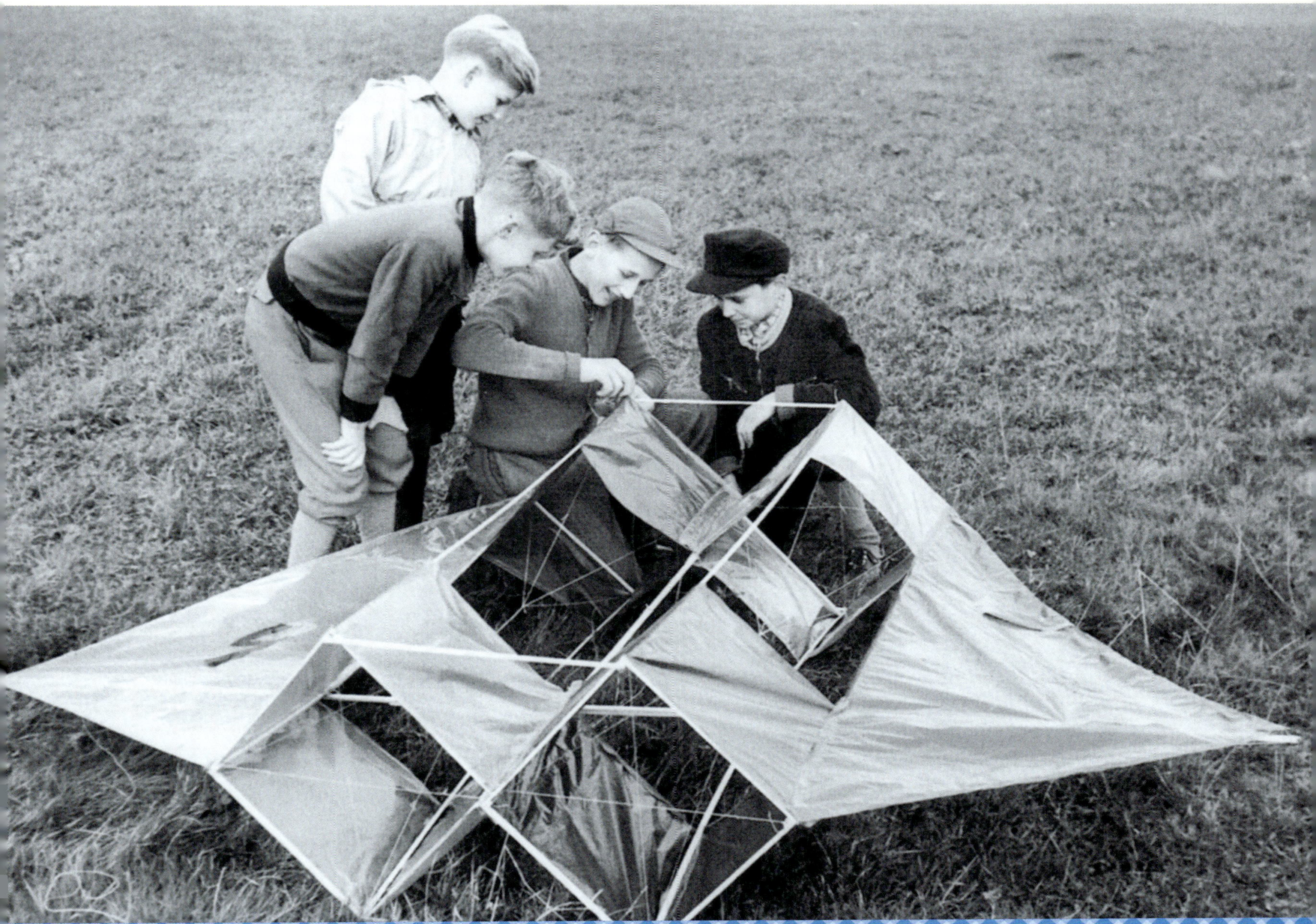

Unterwegs mit Puppen- und Bollerwagen

Abenteuerlich waren die Kinderwagen, mit denen die Kinder der Fünfziger ins Leben kutschiert wurden. Kaum standen die Mädchen und Jungen auf eigenen Beinen, wollten sie ihre eigenen Transportfahrzeuge für Puppen, Holzspielzeug und allerlei sonstigen Krimskrams haben. Die Mädchen, ganz in ihrer kindlichen Mutterrolle aufgehend, wussten, was sie ihren Puppenkindern schuldig waren: Ein Puppenwagen, der mit der eigenen Größe wuchs. Nach dem frühkindlichen Wagen aus Holz und Bast folgte der für viele Jahre angesagte Korbwagen, der für die Lieblungspuppe allen nur erdenklichen Komfort bieten sollte – Kissen mit hübsch bunten Motiven inklusive. Schließlich wollte man im Konkurrenzstreit untereinander nicht den Anschluss verlieren. Die Jungen waren da wesentlich pragmatischer, der klassische Holz-Bollerwagen, der für sie Transportgefährt und Kindertaxi zugleich war, genügte ihnen. In schneereichen Wintermonaten erfüllte dann der Schlitten diese Aufgaben.

Schönheitswettbewerbe konnten diese Mädchen mit ihren schlichten Puppenwagen, die entweder betagte Vorkriegsmodelle waren oder aus Brettern und Latten gezimmert wurden, nicht gewinnen. Dennoch waren sie mit „mütterlicher" Leidenschaft bei der Sache, ihren nicht minder primitiven Puppen und Teddys Komfort zu bieten.

Oftmals war den älteren Kindern die verantwortungsvolle Aufgabe, die kleinere Schwester oder den kleineren Bruder – wie hier – in einem Korbkinderwagen über die Dorfstraße zu kutschieren, buchstäblich ins Gesicht geschrieben.

Der Bollerwagen war für unternehmungslustige Jungen ein Muss. Was konnte man damit nicht alles transportieren: Spielsachen, Mutters Einkauf und die jüngeren Geschwister, die man hier mit größter Vorsicht – unter Aufbietung sämtlicher Muskelkraft – in den geschlossenen Wagen bugsierte.

Früh übt sich, wer eine gute Mutter werden will. Die Puppenkinder mussten schließlich an die frische Luft. Liebevoll wurden sie gehegt, gepflegt und stolz präsentiert. Und wenn man schon mal draußen war, durfte ein Schwätzchen mit den anderen Puppenmüttern natürlich nicht fehlen.

Arbeitsburschen und Puppenmütter auf der Rolle

Bei einem Kinderumzug mit lustigen Kostümen und Masken durfte oftmals auch der Aufmarsch der Puppenmütter nicht fehlen, die im Sonntagstaat ihre modernen Sportwagen hinter dem Klapperstorch herfuhren.

F 310/13
DM 28.50

Diese kleine Hausfrau übte im sicheren Schutz des Hausflurs ihr funkelnagelneues Dreirad mit Sack und Puppenkindern zu lenken. Auch wenn der Verkehr draußen vor der Tür noch weit entfernt von heutigen Maßstäben war, fühlte sich die junge Dame in ihrer begrenzten Welt sichtlich wohler.

Lederhose und Tretroller garantierten ein Optimum an Bewegungsfreiheit und Tempo. So konnte man u. a. den gesellschaftlichen Verpflichtungen, wie ein Besuch des Rummelplatzes mit seinen Fahrgeschäften, Losbuden und Süßigkeiten-Ständen, nachkommen. Mädchen waren in dieser mobilen „Herrenrunde" oft nur geduldet, wenn sie schneller, frecher und vorlauter waren als die Jungen.

Ältere Kinder waren fast immer bereit, ihre jüngeren Geschwister auf ihren Rollern oder Rädern mitfahren zu lassen, wie dieser Radakrobat, der sich mit seiner an ihm klebenden Schwester eine Rundfahrt genehmigte.

Mit zunehmender Körpergröße wuchs auch der Wunsch nach einem Fahrrad. Anfangs noch mit Stabilisierungsrädern ausgestattet, die schon nach kurzer Zeit abmontiert wurden, ging es mit dem Rad vom Garten-Übungsplatz hinaus auf die Straße.

Rennfahrer und Karosserie-Konstrukteure hatten in der ersten Hälfte der Fünfziger die Chance, ganz groß herauszukommen. In ihren schon bald immer raffinierter aussehenden Vehikeln aus Holz und Blech traten sie zu regionalen Seifenkistenrennen an, die unter großer Anteilnahme der Bevölkerung stattfanden. Die Gewinner bekamen Fahrräder und die Chance, sich für die Bundesmeisterschaften zu qualifizieren, die mit 5000 Mark dotiert waren. Obendrein winkte noch eine Reise nach Amerika zu den Weltmeisterschaften im Seifenkistenrennen.

Autos in jeder Größe und Form ließen schon immer Jungenherzen höher schlagen. Wer in seinem so sportlichen Kinderauto mit Pedalantrieb, wie der von Renault nachempfundenen „Caravelle" Platz nehmen durfte, der konnte sich der neidvollen Blicke anderer Jungen und der Bewunderung der Mädchen sicher sein.

Schwimmbad, Spielplatz, Rodelbahn

„Pack die Badehose ein" sang die kleine Cornelia Froboess 1951, und die Jungen und Mädchen machten sich bei Sommerhitze mit ihrem gänzlich unmodischen Badedress aus Mutters Nähkästchen auf zum Wannsee und allen anderen Seen, Flüssen, Bächen, Teichen und Badeanstalten, um nach Herzenslust zu schwimmen und zu plantschen. Darüber hinaus war das feuchte Element Abenteuerspielplatz, um aus Sand und Schlamm Dämme und Deiche anzulegen, Becken für kleine Fische und Krebse auszuheben oder Kaulquappen in Einmachgläser zu verpflanzen. Im Winter waren Eis und Schnee zuverlässige Elemente, die waghalsige Schlittenabfahrten, wilde Schneeballschlachten oder Schlittschuh laufen auf zerklüfteten Eisflächen ermöglichten – blaue Flecke, nasse Klamotten und Unterkühlungen inklusive. Wer das Glück oder das Pech hatte, einen Kindergarten besuchen zu dürfen, begab sich unter die Knute von gestrengen Schwestern in Ordenstracht und musste Mittagsschlaf halten. Doch jeder Kindergarten verfügte über einen Sandkasten, der kleinen Baumeistern ein kreatives Betätigungsfeld bot, unbelästigt von größeren Kindern, die auf den öffentlichen Spielplätzen die Lufthoheit über alle Spielgeräte beanspruchten.

Kletternetze waren ein feine Sache, sie wurden auf Dauer aber schnell langweilig. Wer sich allerdings vorstellte, sich bei stürmischer See in der Takelage eines Seglers behaupten zu müssen, konnte der Kletterei in Tauen und Seilen einen größeren Kick abgewinnen. Noch verwegener war es natürlich, wer in die Wipfel großer Laubbäume stieg, wozu schon eine gewisse Schwindelfreiheit gehörte.

Einen besonderen Reiz übte auf alle Kinder das Spielen an Bächen, Teichen oder einfach nur an Wasserpfützen aus. Man konnte einen Bachlauf anstauen, der dann ein aus Holzschindeln gebasteltes Wasserrad antrieb. Das meistens lehmige, matschige Erdreich der Pfützen war idealer Werkstoff für den Bau von Kanälen und Dämmen. Keineswegs erbaut waren allerdings die Mütter über die schmutzige Tätigkeit ihrer kleinen Wasserbaumeister.

Städtische Schwimmbäder mit Schwimmer- und Nichtschwimmerbecken waren zu Anfang der 50er Jahre noch eine Seltenheit. Man badete entweder in gesetzlich vorgeschriebenen Feuerwehrteichen oder an den Wehren von Flüssen, da hier meistens das Wasser tief genug war. Als Ersatz für Sprungbretter dienten Stege und Brücken. Den Kindern machte es nichts aus, im wahrsten Sinne des Worts im Trüben zu fischen.

Das trübe und das kühle Nass

Das trübe Nass der Teiche und Flüsse wurde ab Mitte der 50er Jahre zunehmend gegen gechlorte Schwimmbäder eingetauscht, wo es feste Baderegeln gab. Für die Vorschulkinder war das Planschbecken das erste Terrain auf dem Weg zum perfekten Schwimmer, Taucher und Kunstspringer vom Drei-Meter-Brett.

Baustellen, wie dieser Erdaushub für die Verlegung von Abwasserrohren, ließen sich ohne große Probleme in provisorische Spielplätze verwandeln. Sobald die Arbeiter Feierabend machten, wurden herumliegende Bretter über den Graben gelegt und ein weiteres Brett kam quer darüber. Fertig war die Wippe oder der Laufsteg für diverse Balancierkünste.

Je wilder und natürlicher die Spielplätze waren und nicht mit einem Overkill an bunten Spielgeräten aufwarteten, umso mehr waren die Kinder in ihrem Element. Sie regten am meisten die Kreativität und Phantasie der Kinder an. Wenn dann noch eine ausgediente Dampflok den Weg auf den Spielplatz fand, war die Begeisterung groß. Damals wollten fast alle Jungen später einmal Lokomotivführer werden.

Der wirtschaftliche Aufschwung machte auch vor den Kindern nicht halt. In den Kommunen boomte nicht nur der Wohnungsbau, sondern auch der Bau von Kinderspielplätzen. Stets umlagert waren die Schaukeln, die gerne von Mädchen benutzt wurden, während die Jungen mit Vorliebe auf Klettergerüsten herumturnten, um mit akrobatischem Geschick in Ersatzwelten einzutauchen, die sie aus den Abenteuergeschichten der Comics und Jugendliteratur kannten.

Tauziehen war bei Kinder- und Jugendfreizeiten – neben der Schnitzeljagd und „Räuber und Gendarm" – ein Klassiker. Wenn man sich mit den Händen am dicken Seil festklammerte und sich mit den Füßen in den weichen Wiesenboden bohrte, waren Muskelkraft und eiserner Wille gefragt. Sich von der gegnerischen Mannschaft nicht über die Trennlinie ziehen zu lassen, erforderte oft schier übermenschliches Format.

Nicht nur am Martinstag zogen die Kinder mit Laternen durch die Straßen und sangen Martinslieder. Lampionfeste in den Kindergärten waren besonders in den Sommermonaten sehr beliebt. Sich bei Einbruch der Dunkelheit mit bunten Papierlaternen zu versammeln machte viel Spaß, weil man so dem Sandmännchen ein Schnippchen schlagen konnte und länger aufbleiben durfte.

Kindergarten und Kinderfreizeit

Am ersten Tag im Kindergarten wollten viele Jungen und Mädchen heulend schnellstens wieder nach Hause laufen, weil es hier oft viel strenger zuging als bei der Mutter. Doch mit der Aussicht, im Sandkasten zu spielen und unter Anleitung der Kindergärtnerin zu tanzen und zu singen, gingen viele doch gerne in den Kindergarten. Man lernte alte Kinderreime und drehte sich dabei Hand in Hand im Ringelreihen, bis man Schwindelgefühle bekam.

Nach modischen Erwägungen wurde die Winterbeklei-
dung nicht ausgewählt, mit der sich die Jungen und Mädchen in den 50er Jahren auf die Rodelbahn begaben. Wär-
men sollte sie, ohne dass sie wirklich vor Nässe schützten.
Man musste allerdings schon blau angelaufen sein, um
sich von dem mit Gebrüll begleiteten („Bahn frei, Kartof-
felbrei …") Abfahrten auf buckligen Pisten vorzeitig zu
verabschieden. Erst bei Einbruch der Dunkelheit begab
man sich widerwillig auf den Nachhauseweg.

Die Winter waren kalt und lang. Von Dezember bis Anfang März waren Flüsse und Seen mit einer dicken Eis-
fläche überzogen, die Gelegenheit zu vielfältigsten sportlichen Aktionen und Spielen bot. Blutige Nasen, aufge-
schlagene Knie und jede Menge blaue Flecken konnten
Eislaufkünstlerinnen auf rostigen Schlittschuhen und Eis-
hockey-Cracks, die auf unebenen Eisflächen hinter Blech-
dosenpucks herjagten, nicht bremsen.

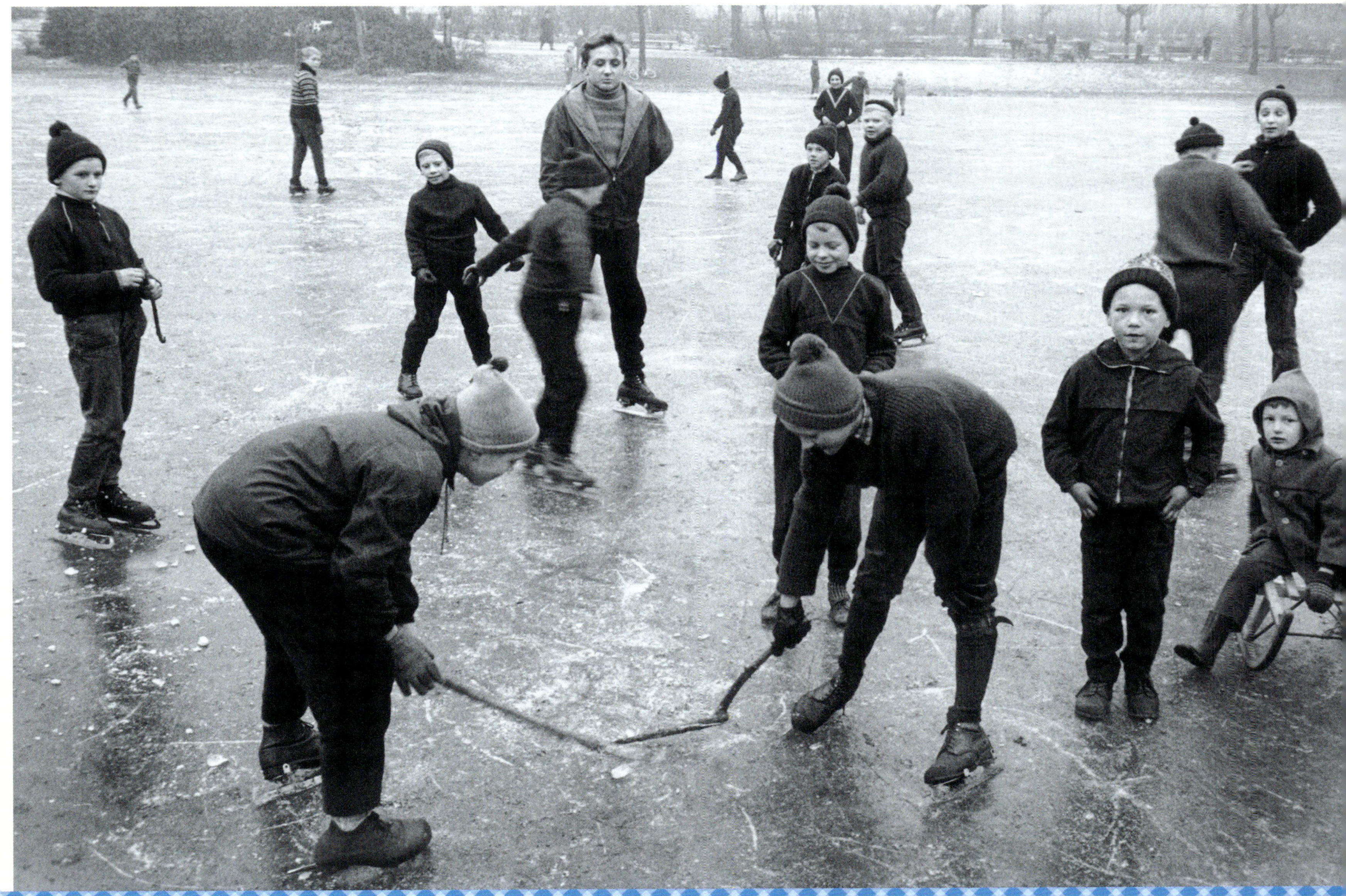

Kasperle, Mecki und Micky Maus

„Tri-Tra-Trullala, der Kaperle ist wieder da!" Wenn der Held des Vor-Fernsehzeitalters auf die böse Hexe, den feuerroten Teufel und das schnappfreudige, giftgrüne Krokodil mit seiner großen Klatsche eindrosch, waren die Kinder schier aus dem Häuschen. Lautstark unterstützten sie den großspurigen Kasperle, seinen Freund Seppl und die noble Großmutter bei ihrem Einsatz für die „gute" Sache. Inspirieren ließen sich die Jungen von der Großmut und der Tatkraft Winnetous und Old Shatterhands, während die Mädchen sich in den Geschichten von „Hanni und Nanni", „Cora" oder Johanna Spyris „Heidi" wiederfanden. Mecki und seine Freunde, die auch als Steiff-Tiere in die Kinderzimmer Einzug hielten, sowie Lurchi & Co., waren die frühkindlichen Varianten einer ab Mitte der Fünfziger vehement einsetzenden Comicflut. „Micky Maus", „Donald Duck" und „Fix und Foxi" und schließlich „Asterix und Obelix" wurden zu Fluchthelfern aus den Zwängen und Verpflichtungen, die den Kindern in Schule und Elternhaus erwuchsen. Als Vorbilder in den Rollenspielen wider das Böse erwiesen sich die „Fünf Freunde"-Bücher von Enyd Blyton, die ihre Figuren in spannende Abenteuer im Zeltlager oder auf einer geheimnisvollen Burg verwickelten.

Die Freunde der bunten Comicwelt hatten anfangs keinen guten Stand bei Eltern und Lehrern, die in den „Micky Maus"- und „Fix und Foxi"-Heften Schund und moralische Verderbnis sahen. Den Siegeszug der bunten Bildergeschichten um die quakenden Helden aus „Entenhausen" konnten sie nicht verhindern.

Unter den jungen „Leseratten" herrschte stets ein großer Bedarf nach neuem Lesestoff. In den Fünfzigern gehörten Bücher noch zu den begehrtesten Weihnachtsgeschenken.

Offensichtlich waren diese drei Jungen so sehr in eine spannende Lektüre vertieft, dass sie um sich herum alles vergaßen.

Wer lesen konnte, kannte die Welt. Märchen, Heldensagen, Karl-May-Romane waren Domänen der Jungen. Die Mädchen lasen „Heidi" und andere Abenteuergeschichten – in denen clevere Mädchen und rassige Pferde die Hauptrolle spielten. Dieser A-B-C-Schütze führte seine frisch erlernte Lesekunst seinen jüngeren Geschwistern vor, die ungläubig staunend offenbar Phantastisches zu hören bekamen.

Lesen, bis die Nacht anbricht

Leihbüchereien standen bei den kleinen Leseratten in den 50er und 60er Jahren hoch im Kurs. An Ort und Stelle vertiefte man sich in die Lektüre, die man anschließend mit nach Hause nahm.

Die bunte Welt der Bücher und Comics

Weihnachtszeit war Lesezeit. Und wer noch zu klein war, um die Texte zu den bunten Bildern in den Kinderbüchern lesen zu können, ließ sich wie hier unterm Weihnachtsbaum die sicherlich lustige oder spannende Geschichte sogleich von Mutter oder Vater vorlesen.

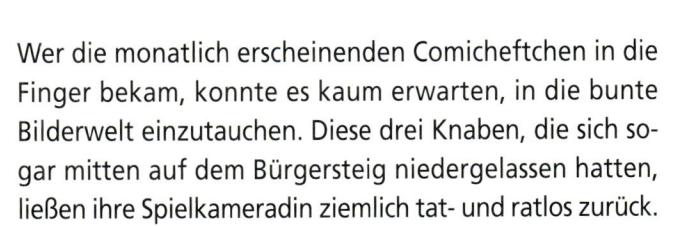

Wer die monatlich erscheinenden Comicheftchen in die Finger bekam, konnte es kaum erwarten, in die bunte Bilderwelt einzutauchen. Diese drei Knaben, die sich sogar mitten auf dem Bürgersteig niedergelassen hatten, ließen ihre Spielkameradin ziemlich tat- und ratlos zurück.

Das Radio war in den 50er Jahren noch das Medium für Kinder. Hier wurde man mit Märchenerzählungen und Abenteuer-Hörspielen versorgt und vom Sandmännchen ins Bett gebracht. Das Radioprogramm erfuhr man aus der Zeitschrift „Hör zu", die 1949 als Werbefigur den Igel „Mecki" erkor, der in den 30er Jahren schon von „Gebrüder Diehl Film" konzipiert wurde. Bald erschien in jedem Heft ein gezeichnetes Abenteuer von Mecki, Micki und seinen Freunden. 1951 brachte „Steiff" den liebenswerten Igel samt Micki und Anhang auch als Puppe auf den Markt.

Mecki und Co.

„Sternchen und Schnuppe", die Maskottchen von „sternchen", der Kinderseite des „stern", gab es 1955 auch als Steiff-Puppen.

Diese drei jungen Puppenspieler übten vor dem noch verschlossenen Vorhang ihren Auftritt. Schließlich wusste man, was man seinem Publikum an Schaukämpfen und rasanten Aktionen zwischen Kasperle und dem Krokodil bieten musste, um es bei Laune zu halten.

Der Kasperle und seine Truppe waren die Stars der Kleinsten. Ihren Abenteuern konnte sich kaum ein Vorschulkind entziehen. Willig machte man sich zum Kumpanen und Hilfspolizisten beim Einsatz des Kaperle gegen die böse Hexe oder das bissige Krokodil.

Professionelles Puppentheater gab's nicht alle Tage und so übernahmen oft die größeren Kinder das Kasperle-Unterhaltungsprogramm für die Kleinsten. Beim „Ruinenkasperl", wie hier in München, spielte die kleine Theatertruppe vor einem Publikum, das sich trotz Ziegelsteinen als Theatersessel nicht von ihrer gespannten Erwartung ablenken ließ.

Ein Paar Bretter, ein Vorhang aus Stoffresten und schon war die Bühne für das Kasperle-Hoftourneetheater fertig. Aufmerksam folgte das Publikum auf der vollbesetzten Bank dem Treiben der Puppenspieler, die Figuren und Zubehör sachgerecht in einem Koffer aufbewahrten.

Kaufmannsladen und Puppenküche

Die Badepuppen, die seit den 1930er Jahren das Lieblingsspielzeug der Mädchen waren, kamen in den Fünfzigern endgültig aus der Mode. Ansonsten verkaufte sich weiterhin das gut, was schon in der Weimarer Zeit gefragt war. Allerdings war gutes Material bei den Herstellern knapp und in vielen Familien fehlte das Geld, um Spielzeug zu kaufen, und so musste man erfindungsreich sein. Viele Mädchen bastelten sich aus einfachsten Mitteln ihrer Puppe selbst. Eine Schildkrötpuppe zu besitzen, die viele Funktionen besaß, um es ihren Müttern gleichzutun, war ihr oberstes Ziel.

Zu Beginn der Sechziger kam die „Barbie" auf den Markt, die der traditionellen Puppe bald ärgste Konkurrenz machte. Mit einem riesigen Repertoire an Modepackungen, die von Alltagsbekleidung bis zur Haute Couture reichten, war Spielen mit den Barbie-Puppen fortan der Einstieg ins Teenagerdasein.

Um früh zu wissen, was Erwachsensein bedeutet, behandelten die Mädchen ihre Puppen wie treusorgende Mütter, während sich die Jungen im Kaufmannsladen als Kolonialwarenhändler betätigten und fleißig mit dem Abwiegen von kleinen Portionen Zucker und Mehl beschäftigt waren. Die Warenwelt, die aus Miniatur-Paketen „Mondamin", „Kathreiners Malzkaffee" oder „Persil" bestand, wurde permanent erweitert. Schließlich sollte das Angebot mit den großen Läden wie „Rheika" oder „Kaisers Kaffeegeschäft" mithalten, um die Kauflust der Geschwister und Nachbarskinder nicht abebben zu lassen.

Die Qual der Wahl hatte diese junge Dame, die nervös von einem Bein auf das andere trat, angesichts der tollen Auswahl an Puppen in jeder Größe, die mit ihren Kleidchen, Schürzchen und Petticoats von jeder Puppenmutter begehrt wurden.

Für dieses Mädchen musste das Lastauto des Bruders als Puppenwagenersatz dienen. Dennoch bettete die Puppenmutter ihre große Puppe mit größter Sorgfalt in die Ladefläche des Lastwagens, die sie mit einem blau-weiß-geblümten Kissen und einer Decke ausstaffiert hatte.

Die Schildkröt-Puppenwelt

Als 1975 die Schildkröt AG in Neckarau ihre Pforten schloss, war die Trauer der Schildkröt-Puppen-Gemeinde groß. Die Firma Schildkröt-Puppen, vormals Rheinische Gummi- und Celluoidfabrik, die 1873 in Mannheim gegründet wurde, revolutionierte 1896 die Puppenherstellung, als sie die erste Puppe aus Celluloid produzierte. Puppen aus Celluloid waren bruchfest, abwaschbar und hygienisch. Seit 1995 ist die Marke „Schildkröt" in Rauenstein bei Sonneberg im Thüringer Wald beheimatet. Neben Spielpuppen für den Einsatz im Kinderzimmer werden Repliken von Schildkröt-Klassikern wie Hans, Bärbel, Inge, Erika oder der Stehpuppe Christel hergestellt. Darüber hinaus boomt der Markt für die durchnummerierten Schildkröt-Originale, die schon lange zuvor Kinderhänden entrissen wurden, um in den Vitrinen von leidenschaftlichen Sammlern zu verschwinden.

Schildkrötpuppen waren die begehrtesten Objekte für die Kinderpuppenstuben. Es gab sie in verschiedenen Größen, mit verschiedenen Funktionen, aufgemalten Frisuren oder Flachsperücken. Sie hießen „Strampelchen", „Schlummerle", „Bärbel", „Ursel", „Hans", „Christel", „Inge" oder „Peterle", die man wahlweise in Nachthemden, züchtiger weißer Unterwäsche oder bunten Kostüme kleidete. Für die kleinern Puppen gab es Schnittbögen aus Papier.

Mit Puppen die Mutterrolle üben

Mit größter Sorgfalt und Korrektheit wog dieses Mädchen ihre Bonbons ab, die sie anschließend in kleinen Papiertüten abfüllte. Bezahlen musste ihre kleine Kundschaft mit Spielmünzen und -scheinen.

Beliebt vor allem bei Jungens waren Indianer-Figuren aus Plastik. Mit Ihnen konnte man so herrlich Winnetou nachspielen, vorausgesetzt, man durfte die berühmten Karl-May-Streifen schon sehen oder bekam die Schmöker vorgelesen.

Die berühmten Margarine-Figuren fehlten in kaum einem Haushalt. Schließlich war gute Butter in den 50er und 60er Jahren noch sehr teuer und kam nur selten aufs Brot, dafür wurde umso mehr Margarine verzehrt. Die kleinen flachen Figuren waren eine Dreingabe bei Margarine-Schachteln und erfreuten sich bei Kindern großer Beliebtheit. Konnte man sie doch überall mit hinnehmen, weil sie so klein waren.

Blechspielzeug und Eisenbahnen für kleine Ingenieure

„Technik für Jungen", so lautete die Eltern-Devise, um den Nachwuchs auf das künftige Berufsleben vorzubereiten. Die gute alte Dampfmaschine aus Großvaters Zeiten und der Holzbaukasten reichten bald nicht mehr aus, um die Neugier auf technische Lösungen aller Art zu befriedigen. Immer voluminöser wurden die Bausätze aus Metall von Märklin, Trix oder Fischertechnik sowie die Modellbaussätze aus Plastik von Faller und Revell, um aus den Jungen Legionen von Hobby-Ingenieuren zu machen. Mit LEGO-Bausteinen und der Barbie Puppe wurde zum Ende der Fünfziger die Spielzeugwelt mit Plastik revolutioniert und endgültig globalisiert. Das Prinzip LEGO, das im wahrsten Sinn des Wortes alle seither hergestellten Elemente miteinander verbindet, ist eine nicht enden wollende Erfolgsgeschichte.

Einen eigenen Fuhrpark aus Pkws, LKWs und Feuerwehrauto mit ausfahrbarer Leiter besitzen, welcher Junge wollte das nicht? Leider war das Taschengeld sehr knapp bemessen, so dass es lange dauern konnte, bis sich die Sammlung von Wiking-, SIKU-, Schuco- oder Matchbox-Autos wirklich vergrößerte. Neben Blechspielzeug zum Aufziehen gab es wenig belastungsfähige Artikel aus Bakelit – vom Auto bis zum Spielzeug-Revolver. Faller-Rennbahnen waren angesagt, mit denen man z. B. den Nürburgring auf einer Größe von 2,50 x 1,50 m nachbauen konnte.

Eine elektrische Eisenbahn, das war was! Wenn da nur die Väter nicht gewesen wären, die den Kindern den Platz an der Trafo-Leitstelle allzu oft streitig machten. Meistens blieb es nicht bei der Märklin-Startpackung, bestehend aus einer Tender-Lokomotive, drei verschiedenen Güterwagen, einem Gepäckwagen und Gleisen. Im Laufe der Zeit wuchs sich die Modell-Eisenbahn zu einem Monstrum aus Landschaften und Gleisen aus, die oftmals Speicher- und Kelleräume komplett ausfüllte

Selig vor Glück war dieser Junge mit seiner aufziehbaren Spielzeugeisenbahn unterm Weihnachtsbaum, die er sogleich auf die Schienen setzte, um sich als Lokomotivführer und Schaffner und Zugabfertiger in einer Person fühlen zu können.

Bei diesen beiden Brüdern hatten Stofftier und Bauklötze bereits ausgedient. Und auch das Pferdegespann des Jüngeren geriet, neben dem modernen Traktor mit Gummibereifung, Vorderachse und Anhängerkupplung, ins Hintertreffen.

Bevor es technisch mit Metall und Plastik zur Sache ging, waren die Vorschulkinder noch mit dem seit Generationen bewährten Holzbaukasten beschäftigt. Vom Vater angeleitet ließen sich die beiden Brüder über die vielfältigen Gestaltungsmöglichkeiten aufklären, die man mit den bunten Holzklötzen hatte.

Schöne bunte Spielwelt

Aufziehbares Blechspielzeug wie Motorräder, Flugzeuge, Autos, Cowboys zu Pferde, Kutschen u. v. m. wurde in den 50er Jahren in großer Zahl von den Firmen Doll, Carette, Gamo, Arnold, Schuco und Gebr. Einfalt hergestellt.

Die LEGO-Bausteine aus Dänemark eroberten ab 1958 die deutschen Kinderzimmer. Spielquader aus Plastik ermöglichten mit ihrem Stecksystem aus Noppen ungeahnte Möglichkeiten, Bauwerke jeder Größe und Höhe zu bauen – sofern man über genügend Bausteine verfügte. Nachschub an neuen Legosteinen gab es zu Geburtstagen und zum Weihnachtsfest. Immerhin umfasste Mitte der Sechziger das Sortiment bereits 50 Kästen, 15 Autos sowie Klein- und Ersatzteile.

LEGO – eine beispiellose Erfolgsgeschichte

Als der dänische Tischlermeister Ole Kirk Christiansen 1952 die ersten LEGO-Holzspielsteine entwickelte, konnte er noch nicht ahnen, dass er damit eine bis heute anhaltende Erfolgsstory auf den Weg bringen würde. LEGO-Kunststoffquader mit Noppen sind in ihrer heutigen Form seit 1958 auf dem Markt. Heute gibt es rund 2800 verschiedene Elemente in unterschiedlichen Farben- und Materialkombinationen. Alle Elemente (automatic binding bricks), egal in welchem Werk und in welcher Zeit seit 1958 gefertigt, passen zueinander. Immer wieder aufs Neue regen sie die Fantasie und Kreativität von Millionen Söhnen und Vätern an.

Nur die Kleinsten benutzten im Sandkasten noch Schaufel und Förmchen. Die älteren Kinder rückten mit einem Bagger an, der alle Funktionen eines großen Baufahrzeugs besaß.

SIKU & Wiking: Der Fuhrpark der Welt

In Lüdenscheid ist heute einer der größten Automobilhersteller der Welt beheimatet, die Sieper GmbH & Co. KG und die Wiking Modellbau GmbH & Co. KG. Als Hersteller von Spielzeugminiaturen machte sich die Fa. Sieper schon seit den 1920er Jahren einen Namen, doch richtig erfolgreich wurde sie erst mit SIKU. Unter der 1950 eingetragenen Marke, die für Sieper (SI) und Kunststoff (KU) stand, produzierte Sieper erstmals Spielzeugmodelle aus Plastik. Insbesondere die SIKU-Modellautos der Plastik-V-Serie im Maßstab 1:60, die ab 1955 gebaut wurden, waren im wahrsten Sinn des Worts ein Renner. Alle gängigen deutschen Fahrzeugtypen wurden hergestellt, amerikanische Straßenkreuzer, LKWs, Kräne und Militärfahrzeuge kamen hinzu. Ein umfangreiches Zubehör, bestehend aus Gebäuden, Straßenschilder und Figuren ergänzten die SIKU-Artikel. Ab 1960 löste die Metall-V-Serie die Plastikherstellung allmählich ab. Die seit 1963 im Zinkdruckguss hergestellten Automodelle, die neben den bekannten Fahrzeugen auch Exoten und Rennwagen beinhalteten, werden bis heute beständig aktualisiert und erweitert.

1984 übernahm Sieper die 1932 von Wilhelm Pelzer in Berlin gegründete Fa. Wiking. Die Produktpalette, die Schiffs-, Flugzeugmodelle und Militärfahrzeuge umfasste, wurde in der Nachkriegszeit um Automodelle wie den Büssing LKW, den VW-Käfer oder den Borgward Isabella im HO-Maßstab (ca. 1:100) erweitert. Die aus Kunststoff hergestellten Typen, die mit Stahlachsen und Fenstern aus Polysterol ausgestattet waren, erhielten in den sechziger Jahren auch eine Innenausstattung. Heute zählen die Wiking-Modelle aus den 50er und 60er Jahren zu begehrten Sammlerobjekten.

„Wiking", „SIKU", „Dux" und „Schuco" waren die Marken, die bei den jungen Autonarren ein Leuchten in den Augen hervorriefen. Von allen Fahrzeugtypen, inklusive amerikanische Straßenkreuzer, LKWs und Spezialfahrzeugen, gab es Miniaturmodelle aus Metall oder Kunststoff, die schon damals mehr heiß begehrte Sammel- und Tauschobjekte waren als dass man damit spielte. Zubehör, wie Verkehrsschilder oder eine Tankstelle von „Distler", machten die kleine, bunte Autowelt komplett, die mit immer aufwändigeren Funktionen und Eigenschaften aufwartete. Für einen großen Fuhrpark an PKWs, LKWs oder gleich einer ganze Panzerarmee von „Wiking" ging oft das gesamte Taschengeld und viel Zeit drauf.

SCHUCO:
Perfektion en miniature

Die wechselvolle Geschichte von SCHUCO ist gleichzeitig auch eine Geschichte des Perfektionismus. Untrennbar mit dem Namen Heinrich Müller verbunden, der bereits als Jugendlicher Spielzeug produzierte, gründete er 1912 zusammen mit dem Kaufmann Heinrich Schreyer die Spielzeugfirma „Schreyer & Co", die sich zunächst auf Plüschspielwaren beschränkte. 1921 in SCHUCO umbenannt, begann man mit der Herstellung von mechanischem Spielzeug. Die Legende reifte allerdings erst heran, als SCHUCO Spielzeugautos herstellte. Das Wende-Auto, das nicht von Tisch fällt, war ebenso ein Verkaufsschlager wie der Mercedes Silberpfeil. Nach dem Krieg (1952) zum größten Spielzeughersteller in Nürnberg aufgestiegen, belegten in den Folgejahren 100 Millionen verkaufte Autos, Motorräder, Boote und Flugzeuge die weltweite Verbreitung der Marke. Ende der Sechziger musste SCHUCO der Veränderung auf dem Spielzeugmarkt Tribut zollen. Die Spielzeugfirma hatte die Umstellung von Blech auf Kunststoff regelrecht verschlafen und meldete 1976 Konkurs an. Heute ist SCHUCO ein Unternehmen der Fürther Simo-Dickie-Group, die sich schwerpunktmäßig auf den traditionellen und klassischen Sammlermarkt konzentriert.

Noch nicht so ausgereift wie eine Faller-Rennbahn, mit der man z. B. den Nürburgring auf eine Größe von 2,50 x 1,50 Meter nachbauen konnte, war dieser Straßenbaukasten der Firma „Tipp & Co" aus dem Jahr 1952.

Selbst in den Campingferien wollten die Jungen nicht auf ihre Modellauto-Flotte verzichten. Akkurat reihten diese beiden Brüder ihren Fuhrpark vor dem Zelt auf.

Metallbaukästen von „Märklin" und „Trix" eröffneten mit ihrer Schraubtechnik, gelochten Flachbändern und vielseitig gestalteten Bauteilen, ergänzt durch Autoreifen und elektrische Elemente, ungeahnte Variationen. Sie förderten die Kreativität und das technische Verständnis bei diesen staunenden Schülern, die sich in ihrer Klasse von den Möglichkeiten, die ein Metallbaukasten bot, überzeugen konnten. Stundenlang konnte man sich mit diesem Spielzeug beschäftigen und immer wieder neue Konstruktionen ersinnen, wie einen Wolkenkratzer in Skelettbauweise.

Ingenieure von morgen

Für die Ingenieure der Zukunft waren die Auslagen der Spielwarengeschäfte eine unerschöpfliche Quelle der Inspiration. Da war die Qual der Wahl, welcher Technikbaukasten es zu Weihnachten sein sollte, sehr groß.

Wer eine Eisenbahn zu Weihnachten geschenkt bekam, konnte sich glücklich schätzen. Und wenn sich die Väter zudem noch darauf beschränkten, nur erste technische Hilfestellung zu geben, dann war der Spaß des kleinen Zugführers am Trafo absolut ungetrübt.

Fahren auf der HO-Spur: Fleischmann und Märklin

Wenn es um Modellbahnen geht, fällt automatisch der Name Märklin. 1859 von Theodor Friedrich Wilhelm Märklin in Göppingen als Fabrik für feines Blechspielzeug gegründet, hatte man bereits ab 1891 mit der Entwicklung einer schienengebundenen Aufzieheisenbahn die Nase auf dem Spielzeugmarkt vorn. Die „Modelleisenbahn" war geboren. Innerhalb weniger Jahre avancierte Märklin zur größten Modellbahnschmiede der Welt. 1935 wurde die erste Tischeisenbahn mit einer Spurweite von 16,5 mm (00-Bahn) auf der Leipziger Frühjahrsmesse vorgestellt, die 1950 in HO, also Halbnull, umbenannt wurde. Die fünfziger und sechziger Jahre waren geprägt von einem rasanten Umsatzanstieg der Modelleisenbahn in Spur HO, ging doch die Ära der Blecheisenbahn unwiderruflich zu Ende. Die absolut detailgetreuen G 800 und F 800, in Metall/Zinkdruckguss gefertigt, wurden zum Ausführungsmaßstab für die folgenden Jahre.

Ebenfalls untrennbar mit der Modelleisenbahn verbunden ist die Marke Fleischmann. Die Firma Gebr. Fleischmann, 1887 in Nürnberg gegründet, begann zunächst mit der Herstellung von magnetischen Schwimmtieren. 1938 übernahm Fleischmann die Firma Doll, aus deren Produktion heraus nach dem Zweiten Weltkrieg die bekannte Fleischmann-Eisenbahn entwickelt wurde.

Die Uhrwerkeisenbahn von Märklin mit Bahnhof, Tunnel und Signalmast füllte mit ihren Gleisanlagen das ganze Wohnzimmer aus, so dass sie nur zu besonderen Gelegenheiten, wie an den Weihnachtstagen, aufgestellt wurde. Umso intensiver war die Beschäftigung der Kinder und ihrer Väter mit diesem beliebtesten Spielzeug der 50er und 60er Jahre.

An Weihnachten war es das Größte, wenn unter dem Weihnachtsbaum eine Eisenbahn lag. Kinder und deren Väter waren darüber gleichermaßen begeistert. Natürlich wurde sie sofort aufgebaut und ausprobiert. Stundenlang konnten die Kleinen völlig selbstvergessen damit spielen.

Märklin und Fleischmann im Westen und Piko im Osten, waren die marktbestimmenden Hersteller von Modell-Eisenbahnen, die es als Startpaket mit drei verschiedenen Güterwagen, einem Gepäckwagen und Gleisen gab. Im Laufe der Zeit erwuchs sich daraus oft eine umfangreiche Anlage, die neben Stellwerk und Bahnhof komplette Landschaften umfasste.

Mit Glück und Geschick zum Spielkönig

In den 50er Jahren kannten 9- bis 12-jährige Kinder rund 60 Spiele, die sie beschreiben konnten und deren Regeln und Spielvarianten sie beherrschten. Viel ist davon in den Zeiten von Massenkonsum und Play Station nicht übrig geblieben. Damals waren die Kinder buchstäblich im Spielrausch, konnten sie doch mit allen möglichen Geschicklichkeits- Würfel-, Brett- oder Gedächtnisspielen ungestraft ihre Eltern austricksen. Spieleabende waren ein fester Bestandteil der häuslichen Freizeitgestaltung. Neben Klassikern wie Dame, Mühle, Schach oder „Mensch-Ärgere-Dich-Nicht" war passend zum Wirtschaftswunder „Monopoly" absolut en vogue. „Malefiz"- und „Kniffel"-Würfelschlachten wurden mit wachsender Begeisterung geschlagen und die Konzentrationsfähigkeit bei „Memory" gefördert. Beliebt waren das Kreuzworträtselspiel „Scrabble" sowie diverse Frage-und-Antwort-Spiele, wie „Stadt-Land-Fluss" und „Denk Fix", bei dem ein Buchstabenkreisel das Wissensgebiet vorgab. Ein Magnet bestätigte die richtige Antwort beim Spiel „Der magische Roboter" und ein elektrisches Birnchen brachte bei „Electra" das Licht der Erkenntnis.

Mikado gehörte in jede Spielsammlung. Das Geschicklichkeitsspiel, das eine ruhige Hand und überlegtes Vorgehen erforderte, hindert die beiden Jungen nicht daran, sich auf dem steinernen, unebenen Treppenboden in der Kunst des Mikado-Spiels zu üben. Aufmerksam verfolgte der Junge mit dem Matrosenanzug den Spielzug seines Kontrahenten.

„Tipp Kick" war für jeden Fußball-Fan ein Muss – also für alle Jungen. Mit Begeisterung spielten junge und alte Fußballstrategen das Tischfußballspiel, das aus einer Spielmatte, zwei beweglichen Torhütern, zwei beliebig positionierbaren Feldspielern sowie einem zwölfeckigen Plastikball bestand.

Wer auf der Straße Spiele spielte – wie hier Dame –, der konnte sich einer aufmerksam mitgehenden Zuschauerschar gewiss sein, die im Kopf schon meistens einen Spielzug weiter waren, als die Spieler selbst.

Kartenspiele waren genau das Richtige für kleine Zocker. Fast überall und zu jeder sich bietenden Gelegenheit wurde „Mau Mau", „Schwarzer Peter", „Elfer raus" oder „Autoquartett" gespielt. Und selbst aus den Deckpappen von Zigarettenschachteln wurden Kartenspiele gemacht. Wer mit Verpackungen von selten gerauchten Marken antrat, hatte beim „Zigarettenquartett" gegenüber der Konkurrenz immer die Nase vorn.

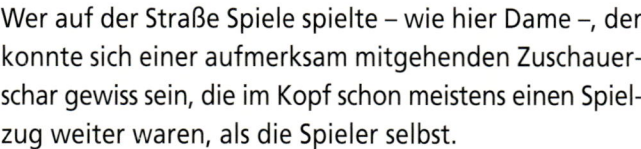

Ein witziger Zeitvertreib war das 1960 von Ravensburger herausgebrachte Malefiz-Spiel. Ähnlich wie bei Mensch-Ärgere-Dich-Nicht ging es bei Malefiz darum, als Erster ins Ziel zu kommen. Allerdings musste man den Barrika-desteinen ausweichen, die einem von den Mitspielern in den Weg gelegt wurden.

Glanzbilder fürs Poesiealbum waren in den 50er Jahren bei den Mädchen der Renner. Ob Engel mit Goldrand, Mär-chenfiguren, Blumen, Pferde, Hunde oder Katzen, die mit Silbersternchen besprenkelt waren, alles wurde gesammelt, getauscht und verklebt. Vertieft in ein lebhaftes Tauschge-schäft waren diese beiden Mädchen. Aufbewahrt wurde die „Ware" meistens in einer Zigarrenkiste.

Auch Monopoly und Brettspiele wie Mühle und Mensch-Ärgere-Dich-Nicht lockten uns bei schlechtem Wetter je-derzeit hinterm Ofen hervor. In den Familien wurde da-mals noch viel gemeinsam gespielt, einen Fernseher hat-ten schließlich nur die wenigsten.

Ravensburger: Spiele, Spiele, Spiele

Einer der bekanntesten deutschen Spieleverlage ist zwei-fellos Ravensburger. Die heute unter dem blauen Dreieck firmierenden Brettspiele und Puzzles kennt buchstäblich jedes Kind. Zum Ende des 19. Jahrhunderts von Otto Ro-bert Maier gegründet, war Ravensburger bis 1950 haupt-sächlich Buchverlag (Otto-Maier-Verlag). Heute ist Ravens-burger ein großes Medienunternehmen, das mit immer neuen Spielen und Puzzles aufwartet. Zu den Klassikern von Ravensburger gehören das 1927 auf den Markt ge-brachte „Fang den Hut", „Memory" (1959) und das lus-tige Familienspiel „Malefiz" (1960), bei dem es darum geht, einen von fünf Spielsteinen ins Ziel zu bringen. Auf dem Weg dorthin gilt es allerdings einige Hürden zu nehmen und den Mitspielern das Leben schwer zu ma-chen. Von dem Gedächtnisspiel „Memory", bei dem al-le Bilder erst versteckt werden müssen, um sie als Pär-chen nach und nach aufzuspüren, verkauften sich bis heute über 50 Millionen Einheiten.

Liebe Leserin,
lieber Leser,

wir wünschen Ihnen viel Freude bei der Lektüre dieses Buches, beim Betrachten der Fotografien, dem Sich-Erinnern ...!

Wenn Ihnen dieses Buch gefallen hat, haben Sie vielleicht auch Lust auf mehr? Der Wartberg Verlag hält für Sie ein umfangreiches Programm mit Bildbänden über Städte und Regionen, historischen Themenbänden, aber auch Freizeitführern und aktuellen Farbbildbänden bereit. Gerne senden wir Ihnen unser aktuelles Verlagsprogramm kostenfrei zu:

Wartberg-Verlag GmbH

Im Wiesental 1
34281 Gudensberg-Gleichen
Tel.   0 56 03 / 93 05-0
Fax   0 56 03 / 93 05-28
info@wartberg-verlag.de

Informieren Sie sich auf unserer Homepage oder in Ihrer örtlichen Buchhandlung über die aktuellen Neuerscheinungen aus dem Wartberg Verlag!

www.wartberg-verlag.de

Wir wünschen viel Vergnügen beim Stöbern!

Bundesweit im Buchhandel!

Das ganz persönliche
Geschenkbuch

... für Frank zum 40. Geburtstag,
... für Lisa, meine beste Freundin aus der ersten Klasse,
... für Tante Marie, die so gerne jung war,
... für den Kollegen Kalle zum Dienstjubiläum
... und: für mich.

Erinnern Sie sich an die ersten 18 Lebensjahre – an Ihre Kindheit und Jugend!

Tolle Fotos und Geschichten mitten aus dem Alltag, geschrieben von Autoren aus Ihrem Jahrgang, lassen eigene Erinnerungen lebendig werden.